Maike Vogt-Lüerssen

Katharina von Bora

Martin Luthers Frau

Maike Vogt-Lüerssen

Katharina von Bora

Martin Luthers Frau

Verlag Ernst Probst

Maike Vogt-Lüerssen:
Katharina von Bora
Martin Luthers Frau

Verlag Ernst Probst
Im See 11
55246 Mainz-Kostheim
Fax: 06134/26665
E-Mail: verlagernstprobst@web.de
Covervorderseite: Katharina von Bora
Druck: Schaltungsdienst Lange, Berlin
1. Auflage 2002

ISBN 3-935718-87-X

Allen tüchtigen
Pfarrersfrauen gewidmet

Inhalt

Die andere Hälfte Martin Luthers

Wer war Katharina von Bora – jene Frau, die 20 Jahre lang als Gattin den Reformator Martin Luther liebevoll umsorgte und ihm sechs Kinder gebar? Welchen Einfluss hatte sie auf den oft cholerischen und schwermütigen Luther, der als konservativ, unnachgiebig, unbelehrbar und oft gereizt galt? Diesen Fragen geht das vorliegende Buch der Historikerin Maike Vogt-Lüerssen nach. Die Biographie Katharina von Boras ist auch in dem Werk „40 Frauenschicksale aus dem 15. und 16. Jahrhundert“ nachzulesen, das ebenfalls im Verlag Ernst Probst erschienen ist.

Katharina von Bora

Katharina von Bora

Im 15. und 16. Jahrhundert waren die Klöster gefüllt mit Männern und Frauen, die nicht die geringste Neigung zum geistlichen Leben verspürten und die nur aus Versorgungsgründen von ihren Eltern, Vormündern und Verwandten in diese kirchlichen Institutionen gesteckt wurden. Aufgrund dieser Tatsache sind auch die vielen negativ ausgefallenen Visitationsberichte aus dieser Zeit zu verstehen, in denen besonders die Verweltlichung des Klosterlebens beklagt wurde. Bei einer 1563 vorgenommenen Untersuchung der 88 österreichischen Klöster zählte man 387 Mönche und

86 Nonnen. Diese 387 Mönche unterhielten in ihren Gotteshäusern 237 Konkubinen und 49 Ehefrauen. Die 86 vorhandenen Nonnen besaßen insgesamt 50 eigene Kinder. Als offene Bordelle waren schließlich die Nonnenklöster in Interlaken, Frauenbrunn, Trub, Gottstadt bei Bern, Ulm und Mühlhausen allgemein bekannt.
Vielerorts war es Brauch geworden, dass die Geistlichen, ob Priester oder Mönche, ihren hierarchischen Vorgesetzten für ihre unerlaubten Beziehungen eine vereinbarte Entschädigung entrichteten, den Hurenzins.
Die religiösen Pflichten in den Klöstern wurden zudem nur noch nachlässig ausgeübt. Schreiben und Lesen konnten sowieso nur noch wenige unter ihnen, und die körperliche

Arbeit erledigte sowieso das Dienstpersonal.
So bemerkten kontrollierende Bischöfe *„eine Tendenz zum Zuspätkommen – besonders zur Messe am frühen Morgen – und zum Weggehen vor Beendigung des Gottesdienstes, oft unter fadenscheinigen Vorwänden. Doch das am meisten verbreitete Übel war, die Messe so schnell wie möglich herunterzuleiern, um sie hinter sich zu bringen: Silben wurden am Wortanfang und Wortende ausgelassen, Wechselgesänge versäumt, so daß eine Seite des Chores schon die zweite Hälfte des Gesanges anstimmte, noch bevor die andere die erste Hälfte beendet hatte. Sätze wurden vor sich hingemurmelt und teilweise verschluckt.“* (in: Eileen Power: Als

Adam grub und Eva spann, wo war da der Edelmann? Das Leben der Frau im Mittelalter, Berlin 1984, S. 122). Zur Entschuldigung all dieser Nonnen und Mönche muss noch einmal betont werden, dass die meisten von ihnen von ihren Eltern, Vormündern und Verwandten zum Klosterleben gezwungen und nie nach ihren eigenen Wünschen gefragt wurden. Besonders die Töchter des ärmeren Adels und des Bürgertums wurden ins Kloster abgeschoben, um den hohen Mitgiftforderungen zu entgehen. Barbara Pirckheimer († 1532), bekannter unter ihrem Nonnennamen Caritas, wurde z. B. im Alter von 13 Jahren dem Klarissenkloster in Nürnberg überantwortet. Von ihren sieben Schwestern durfte nur eine heiraten,

Caritas Pirckheimer

die anderen hatten Barbaras Beispiel zu folgen.
In der Reformationszeit verließen deshalb viele Nonnen ihre „Gefängnisse“ und versuchten sich ein bürgerliches Leben mit Familie aufzubauen. Eine unter ihnen war Katharina von Bora.
Leider liegen Katharinas Kindheit und Jugendzeit im Dunkeln, da – wie für das 15. und 16. Jahrhundert allgemein üblich – die Briefe von Frauen, aus denen man Informationen aus ihrem Leben hätte entnehmen können, im Gegensatz zu denen ihrer Väter, Ehemänner und Söhne vernichtet wurden, da man sie für wertlos hielt.
Katharinas Vater, Jan von Bora, der aus einem armen sächsischen Adelsgeschlecht stammte, steckte seine

Tochter, als er zum zweitenmal heiratete, 1510 im Alter von 11 Jahren in das wegen seiner Strenge bekannte Zisterzienserinnenkloster Nimbschen bei Grimma, das ungefähr 30 Kilometer südöstlich von Leipzig lag. Gerade diese strengen Klöster, in denen noch Sitte, Ordnung und Moral herrschten, waren bei den Eltern sehr begehrt. Freiheiten und Ausschweifungen, die das Klosterleben noch erträglich gemacht hätten, gab es hier nicht. Der italienische Schriftsteller und Abt Agnolo Firenzuola († 1545) hatte Mitleid mit den Mädchen, die nur wegen der Gier und Habsucht der Väter, des Eigennutzes der Mütter und der Missgunst der Stiefmütter ihr zukünftiges Leben als Nonnen fristen mussten.

Katharina hasste das Klosterleben von Anfang an. Es kam ihr vor, als ob man sie zu lebenslänglichem Gefängnis verurteilt hätte. Die 40 Nonnen in Nimbschen lebten in strenger Klausur. Gespräche mit Verwandten waren nur mit der Genehmigung der Äbtissin und in Gegenwart einer Zuhörerin durch ein vergittertes Redefenster erlaubt. Das Schreiben und der Erhalt von Briefen war andererseits nur gestattet, sofern die Äbtissin diese gelesen hatte. Freundschaften unter den Nonnen waren strikt verboten – ebenso der Besitz von Tieren. Dafür herrschte das Schweigegebot. Nur bei den Gebeten und Gesängen durfte der Mund geöffnet werden.

In der Nacht vom 4. April auf den 5. April 1523 wagte die mittlerweile 24-

Sie hasste das Klosterleben:
Katharina von Bora

jährige Katharina schließlich mit acht weiteren Nonnen die Flucht aus dem Kloster. Drei Bürger aus Torgau und der dortige Pfarrer, Gabriel Zwilling, halfen ihnen, indem sie einen Wagen mit einer großen Plandecke besorgten. Die Flucht war besonders für die Helfer gefährlich, denn Herzog Georg von Sachsen († 1539) hatte auf die Entführung von Nonnen die Todesstrafe gesetzt. Erst in Torgau waren die neun Nonnen und die vier Männer in Sicherheit, denn diese Stadt gehörte dem Kurfürsten Friedrich dem Weisen († 1525), dem Schirmherrn von Martin Luther.
Nach einigen weiteren Tagesreisen trafen sie allesamt in Wittenberg ein. Und hier traten auch die ersten Schwierigkeiten bei der Unterbrin-

Schirmherr Martin Luthers:
Kurfürst Friedrich der Weise

gung der Nonnen und bei der Beschaffung von Arbeit für sie auf. Denn Wittenberg war mittlerweile überschwemmt mit entlaufenden Nonnen, deren Eltern nicht bereit waren, ihre Töchter zu Hause wiederaufzunehmen.

Die protestantischen Geistlichen hielten es in diesem Fall für das Beste, so schnell wie möglich Ehegatten für die Nonnen zu finden. Standen jedoch keine unverheirateten Männer zur Verfügung, versuchte man den Frauen eine Anstellung als Lehrerin oder Magd zu verschaffen. Andernfalls bestand die Gefahr, dass sie schließlich als Prostituierte ihr Geld verdienen mussten. Katharina von Bora wurde als Magd bei dem berühmten Maler Lukas Cranach dem Älteren

Lukas Cranach der Ältere

und seiner Frau Barbara aufgenommen, die mit ihren zwölf Malergesellen einen großen Haushalt führten.
Während ihre Mitschwestern im Laufe der Zeit eine nach der anderen weggeheiratet wurden, fand sich jedoch für Katharina von Bora kein Ehemann. Mit ihren hohen Wangenknochen und ihren schräg stehenden schmalen Augen war sie keine Schönheit. Ihre romantische Beziehung zum Nürnberger Patriziersohn Hieronymus Baumgartner († 1565) endete leider durch den Einwand von dessen Vater nicht in einer Ehe. Katharina von Bora war zwar adlig, aber völlig mittellos.
Martin Luther, der ehemalige Augustinerchorherr, der mit seinem 95-Thesenanschlag an der Wittenberger

Katharina von Bora

Schlosskirche im Jahre 1517 für große Aufregung nicht nur in der katholischen Kirche, sondern auch in der Bevölkerung und im Adel gesorgt hatte, hatte sich um das Wohl der neun entflohenen Nonnen aus dem Kloster Nimbschen schon seit ihrer Ankunft gekümmert. Für Katharina von Bora suchte er nun einen anderen Heiratskandidaten und fand ihn im Pfarrer Kaspar Glatz in Orlamünde, den jedoch Katharina als zukünftigen Ehegatten ablehnte. Dafür gestand sie Martin Luther, dass sie nur Nikolaus von Amsdorf oder ihn selbst heiraten wolle. Auf den Mund gefallen war Katharina nie. Und Martin Luther, der nun von ihr als Ehegatte ausgesucht worden war, musste sich dieses Angebot genauestens überlegen. Schließ-

Heiratskandidat Katharinas:
Nikolaus von Amsdorf

lich konnte er die Ehe nicht immer von seiner Kanzel als etwas Gottgewolltes verkünden und sich seiner eigenen Vermählung ständig entziehen.

Eigentlich hatte er vor, eine der schönen Schwestern von Schonfeldt zu ehelichen, die mit Katharina von Bora aus dem Kloster Nimbschen geflohen waren. Ave von Schonfeldt dauerte die Unentschiedenheit Luthers jedoch zu lange, und sie heiratete schließlich einen tüchtigen Mediziner. Auch ihre Schwester Margaretha schaute sich anderweitig um und wurde fündig.

Als Ehegatten für Nonnen boten sich natürlich besonders ehemalige Priester und Mönche an. Daneben wurden die „geistlichen“ Schwestern haupt-

Martin Luther hielt die Ehe als etwas Gottgewolltes.

sächlich von Handwerkern geheiratet. Der mittlerweile 42-jährige Martin Luther willigte schließlich in die Ehe mit der 26-jährigen Katharina von Bora ein. Die Hochzeit der beiden wurde am Abend des 13. Juni 1525 im Kreise weniger Freunde gefeiert. Erst 14 Tage später lud das frischvermählte Paar zum festlichen Hochzeitsmahl ein. Auch die Eltern Martin Luthers, Hans Luther und Margarethe Lindemann, waren anwesend, nachdem sich Vater und Sohn endlich versöhnt hatten. Hans Luther war nämlich über die Entscheidung seines Sohnes im Jahre 1505, Mönch zu werden, zutiefst enttäuscht. Er träumte von einer Juristenlaufbahn seines intelligenten Sohnes und davon, dass nach dem Tod der anderen zwei Söhne Martin

Martin Luthers Hochzeit

den Familiennamen durch reichliche Nachkommenschaft erhalten würde.
Der gern über andere spottende Erasmus von Rotterdam wußte nichts Besseres, als in seiner Korrespondenz nach allen Himmelsrichtungen das Gerücht zu verbreiten, die Braut erwarte schon in wenigen Wochen ein Kind, und deshalb hätte sich Luther mit seiner Eheschließung beeilen müssen, was der große Humanist später zu seinem Bedauern widerrufen mußte. Denn Katharina bekam ihr erstes Kind erst 11 Monate nach der Trauung.
Am 21. Juni 1525, acht Tage nach der Eheschließung, schrieb Martin Luther seinem Freund Nikolaus von Amsdorf: *„Denn ich empfinde nicht hitzige Liebe oder Leidenschaft für meine*

Erasmus von Rotterdam

Frau, aber ich habe sie sehr gern." (in: Martin Luther – privat. Briefe an Familie und Freunde, ausgewählt von Hartmut Müller, Freiburg im Breisgau 1990, S. 43). Ein Jahr später, am 17. Juni 1526, bezeichnete er sich in einem Brief an seinen Freund Georg Spalatin, dem sächsischen Hofkaplan, bereits als glücklicher Ehemann und seine Katharina als die beste Frau und das geliebte Weib.

Jetzt hatte er schließlich endlich jemanden, der für ihn sorgte: „*Ehe ich heiratete, hat mir ein ganzes Jahr hindurch niemand das Bett zurechtgemacht, in dem das Stroh von meinem Schweiß faulte. Ich war müde und arbeitete mich den Tag ab und fiel so ins Bett, wusste nichts darum.*" in: Richard Friedenthal: Luther – Sein

Ein Freund Martin Luthers:
Georg Spalatin

Leben und seine Zeit, München und Zürich 1990, S. 538).

Der oft cholerische und schwermütige Martin Luther, der als konservativ, unnachgiebig, unbelehrbar und oft gereizt galt, hätte wirklich keine bessere und zu ihm passendere Frau finden können. Mit seinen vorstehenden Wangenknochen und seinen tiefliegenden Augen glich er seiner Frau sogar äußerlich.

Die erste Zeit der Ehe war für ihn jedoch nicht ganz leicht, da er bisher völlig allein gelebt hatte. Besonders die Redesucht Katharinas, die im Kloster so lange hat schweigen müssen, fiel ihm anfangs auf die Nerven. Zudem hatte sie sich angewöhnt, bei ihm sitzen zu bleiben, auch wenn er studieren wollte.

Oft cholerisch
und schwermütig:
Martin Luther

Katharina erwies sich andererseits als sehr fleißig, sehr sparsam, nicht anspruchsvoll, umsichtig, energisch, mundfertig, wenn auch nicht unbedingt für intelligent. Letzteres durfte sie auch nicht sein, denn Martin Luther konnte kluge Frauen nicht ausstehen. „... *wenn Weiber wolberedt sind, das ist an ihnen nicht zu loben; es steht ihnen baß an, dass sie stammlen und nicht wol reden können. Das zieret sie viel besser.*“ (in: Becker, Bovenschen; Brackert u. a.: Aus der Zeit der Verzweiflung. Zur Genese und Aktualität des Hexenbildes, Frankfurt am Main 1977, S. 21). Seiner Meinung nach hatte sich die Frau dem Mann wegen ihrer geringeren Körperstärke und -kraft und ihres kleineren Verstandes unterzuordnen.

Luther und Katharina von Bora

Zudem hatte sie in der Gemeinde zu schweigen.
Luthers sehr negatives Frauenbild konnte Katharina von Bora an vielen Stellen korrigieren. Denn letztendlich war seine Käthe – wie Martin Luther seine Gattin nannte – die Stärkere und Kräftigere in ihrer Ehe, die ihren oft schwer depressiven Mann seelisch wieder aufrichtete und ihren häufig erkrankten Ehegatten – Luther litt an Nieren- und Blasensteinen, Gicht und schweren Kreislaufstörungen – mit aller Liebe gesundpflegte. Außerdem ruhte die ganze Last des Haushaltes auf ihren Schultern. So nannte sie Martin Luther schließlich auch respektvoll „Herr Käthe“, da sie doch letztendlich wirklich der Herr im Haus war.

Martin Luthers Familie im Sommer

Schon morgens um 4.00 Uhr stand Katharina von Bora auf, um ihre sämtlichen Hausarbeiten erledigen zu können. 1532 hatte Luther vom Kurfürsten Johann dem Beständigen († 1532), dem Bruder und Nachfolger von Friedrich dem Weisen, ein ehemaliges Klosteranwesen geschenkt bekommen. Durch die allmähliche Umgestaltung des Zellenbaues wurde das alte Gemäuer zum stattlichen Wohnhaus der Familie Luther. Katharina ließ hier noch zusätzlich eine Badestube einrichten und verwandelte den ehemaligen Friedhof in einen Gemüsegarten. Außerdem ließ sie Ställe für die Schweinezucht bauen. So war sie schließlich nicht nur Gärtnerin, Bäuerin, Wirtschafterin, sondern auch Bierbrauerin und Imke-

Martin Luthers Familie
im Winter

rin. Zusätzlich bewirtschaftete sie das Pachtland vor den Toren Wittenbergs und den Familienbesitz der Boras, Zühlsdorf, das ihr ihr Gatte, als das Gut zum Verkauf stand, geschenkt hatte.

Diese täglich anfallenden Arbeiten wurden nur durch die Geburten ihrer Kinder kurz unterbrochen, bei denen ihr Gatte immer sehr besorgt um sie war. Ob er nach seiner Heirat mit Katharina immer noch so dachte wie in den Jahren 1522 und 1525? „... *Daher man auch siehet, wie schwach und ungesund die unfruchtbaren Weiber sind; die aber fruchtbar sind, sind gesünder, reinlicher und lustiger. Ob sie sich aber auch müde und zuletzt tottragen, das schadet nicht, laß sie nur tottragen, sie sind drum da. Es ist*

besser, kurz gesund denn lange ungesund leben." (in: Martin Luther: Vom ehelichen Leben, Stuttgart 1978, S. 41). „... *Darum soll man die Weiber in Kindesnöten vermahnen, dass sie ihren möglichen Fleiß allda beweisen, das ist, ihre höchste Kraft und Macht dran strecken, dass das Kind genese, ob sie gleich darüber sterben. Denn etliche Frauen sorgen mehr für sich, wie sie mit dem Leben davon kommen, denn für das Kind, als die sich vor dem Tod fürchten und die Schmerzen gern übergehen wollten. Das ist nicht recht noch christlich.*" (in: Martin Luther, ebenda, S. 68).
Katharina brachte am 20. Mai 1526 ihr erstes Kind auf die Welt, einen Sohn, der Johannes († 1575) genannt wurde. Luther erwartete von seinem

Stammhalter zeitlebens besonders viel. So wurde Johannes auch weitaus strenger als seine jüngeren Geschwister erzogen. Mit sieben Jahren schrieb ihn sein Vater schon an der Universität Wittenberg ein. Mit 13 Jahren erreichte Johannes bereits den Grad des Baccalaureus, der ihm gestattete, nun voll ins Studium der Theologie oder Jurisprudens einzusteigen.

Am 10. Dezember 1527 gebar Katharina ihre Tochter Elisabeth, die bereits im August 1528 sterben sollte. Es folgten am 4. Mai 1529 Magdalena († 1542), Luthers Lieblingskind, am 9. November 1531 Martin († 1565), am 28. Januar 1533 Paul († 1593) und am 17. Dezember 1534 Margarethe († 1570).

Martin Luther betrauert den Tod seiner Tochter Magdalena.

Aber Katharina hatte nicht nur für ihre Kinder und ihren Mann zu sorgen. Im Laufe der Zeit füllte sich ihr Haus mit Verwandten, die von ihr verpflegt werden wollten. So gesellte sich Katharinas Tante, Magdalena von Bora, und eine Großnichte zu ihnen, und von ihres Gatten Seite wurden insgesamt elf Kinder seiner verstorbenen Geschwister mit aufgezogen. Dazu kamen noch Luthers zuverlässiger, aber leider fauler Dienstbote Wolf Seberger und die vielen Studenten, die als zahlende Gäste zumindest Geld einbrachten. Die vielen durchreisenden, entlaufenden Mönche und Nonnen, Kranken und Waisen, die ebenfalls herzlich willkommen geheißen wurden, zahlten für Speis und Trank dagegen nichts.

Katharina musste schon sehr sparsam sein und gut haushalten können, um mit dem Gehalt ihres Mannes dieser Gastfreundschaft ständig nachkommen zu können. Oft befand sich die Familie Luther jedoch in arger finanzieller Bedrängnis.
Aus der anfänglichen Vernunftehe zwischen Luther und seiner Käthe war mittlerweile eine herzliche Liebesbeziehung geworden. In seinen Briefen standen somit als Anrede- und Schlussformen stets „meinem Liebchen“ und „dein Herzliebchen“. So schrieb er ihr am 27. Februar 1532 aus Torgau folgenden Brief: *„Meine herzliebe Käthe! Ich hoffe, wenn Doktor Brück Urlaub bekommen wird, wie er mich vertröstet, so will ich morgen oder übermorgen mit ihm kommen.*

Bitte Gott, dass er uns frisch und gesund heimbringe!
Doktor Caspar sagt, der Fußbrand unseres gnädigen Herrn (Kurfürst Johann des Beständigen) *habe nicht weitergefressen an seinem Fuß. Seine Fürstlichen Gnaden ist am ganzen Leib so gesund wie ein Fisch, aber der Teufel hat ihn in den Fuß gebissen und gestochen. Betet, betet weiter! Denn auch Doktor Caspar meint, Gott allein müsse hier helfen.*
Weil Johannes (ein Diener Luthers) *wegzieht, fordern es Ehre und Notwendigkeit, dass wir ihn mit Anstand verabschieden. Denn du weißt, dass er treu und fleißig gedient und sich wahrlich dem Evangelium entsprechend demütig betragen und alles getan und erduldet hat. Darum denke*

Kurfürst
Johann der Beständige

daran, wie oft wir bösen Buben und undankbaren Schelmen etwas gegeben haben, was alles verloren war. So greife nun hier in die Tasche und laß einen solch frommen Gesellen nicht Mangel leiden, da du weißt, daß es wohl angelegt und Gott gefällig ist. Ich weiß wohl, dass wenig da ist; aber ich würde ihm gern 10 Gulden geben, wenn ich sie hätte; aber weniger als 5 Gulden sollst Du ihm nicht geben, weil er nicht neu eingekleidet worden ist. Wenn du mehr geben kannst, so tu's, ich bitte dich darum. Zwar könnte der gemeine Kasten (Kirchenkasse) *mir zu Ehren gerade diesem von meinen Dienern wohl etwas schenken, wenn man bedenkt, dass ich meine Diener auf meine Kosten unterhalten muss für den Dienst und*

Nutzen ihrer Kirche; aber, wie sie wollen. Laß du es ja an nichts fehlen, solange ein Becher da ist. Hiermit Gott befohlen, Amen. Küsst mir den jungen Hansen von mir und fordert Hänschen (sein Sohn Johannes), *Lenchen* (seine Tochter Magdalena) *und Muhme Lehne* (Katharinas Tante) *auf, für den lieben Fürsten und für mich zu beten. Ich kann in dieser Stadt, obwohl jetzt Jahrmarkt ist, nichts finden, was ich den Kindern kaufen könnte. Wenn ich nichts Besonderes mitbringen sollte, so lege du für mich einen Vorrat an Geschenken an.*" (in: Martin Luther – privat, ebenda, S. 93).

Als Martin Luther am 18. Februar 1546 an Angina pectoris gestorben war, ließ er seine Katharina fast mit leeren Händen zurück. Denn in seinem unverbesserlichen Eigensinn und seiner Abneigung gegen alle Juristen hatte er sein Testament selbst erstellt, in dem er seine Frau zum Vormund ihrer Kinder bestimmte und ihr erlaubte, ihren Besitz allein zu verwalten. Nach sächsischem Recht war jedoch der Ehemann in allen rechtlichen und wirtschaftlichen Fragen, auch der Verwaltung des von seiner Frau eingebrachten Besitzes, Vormund seiner Gattin. Nach seinem Tod wurde der Witwe und den unmündigen Kindern deshalb stets ein anderer Vormund zugeteilt. Luthers Testament wurde trotz seines Ansehens aufgrund dieses Gesetzes nicht anerkannt. Katharina gab jedoch nicht auf. Durch ihre zähen Verhandlungen mit dem

Martin Luther
auf dem Sterbebett

Kurfürsten Johann Friedrich I. († 1554), dem Sohn und Nachfolger Johanns des Beständigen, und dessen Kanzler erreichte sie schließlich doch, dass man ihr nicht die Verantwortung für die Kinder nahm und dass sie auch weiterhin in ihrem Haus bleiben und ihren Besitz selbst verwalten konnte. Als 1552 in Wittenberg die Pest ausgebrochen war, flüchtete sie nach Torgau. Dabei stürzte ihr Wagen um. Obwohl die Verletzungen Katharinas nicht lebensgefährlich waren, starb sie kurz darauf an einer Lungenentzündung.

Lesetipps:
Friedenthal, Richard: Luther – Sein Leben und seine Zeit, München, Zürich 1990
Kroker, Ernst: Katharina von Bora. Martin Luthers Frau. Ein Lebens- und Charakterbild. Zwickau 1925[2]

Kurfürst Johann Friedrich I.

Martins Vater: Hans Luther

10. November 1483: Martin Luther kommt am Martinstag als Sohn des Bergmanns Hans Luther und seiner Frau Margarethe Lindemann in Eisleben zur Welt.

1488: Luther besucht die Lateinschule in Mansfeld. Später geht er in Magdeburg und Eisenach weiter zur Schule.

1501–1505: Luther studiert in Erfurt auf Wunsch des Vaters Jura – mit dem Ziel, Jurist zu werden.

17. Juli 1505: Luther tritt – gegen den Willen seines Vaters – in den Orden der Augustiner-Eremiten zu

Erfurt ein. Einer Legende zufolge hatte er nach einem Blitzschlag, den er überlebte, geschworen, sein weiteres Leben nur noch Gott zu weihen.

1507: Luther wird zum Priester geweiht und beginnt sein Theologiestudium.

1508/1509: Vorübergehende Vertretung einer Professur in Moralphilosophie in Wittenberg

1510/1511: Reise Luthers nach Rom

1511: Luthers endgültige Versetzung nach Wittenberg

1512: Luther übernimmt die biblische Professur in Wittenberg.

Martin Luthers Mutter:
Margarethe Lindemann

Ab 1514: Luther ist nicht nur Mönch und Universitätsprofessor, sondern auch Prediger an der Stadtkirche in Wittenberg.

Ab Frühjahr 1517: Luther erlebt immer öfter, dass die Wittenberger nicht zur Beichte kommen. Stattdessen kaufen sie sich in den auf brandenburgischem bzw. anhaltinischen Gebiet liegenden Städten Jüterbog und Zerbst von ihren Sündenstrafen und den Sünden selbst durch den Erwerb von Ablasszetteln frei.

31. Oktober 1517: Der Anschlag von 95 Thesen „Zur Aufklärung über die Kraft des Ablasses“, in denen er sich gegen die Praxis und den Missbrauch

Martin Luther gibt Unterricht.

des Ablasswesens, des Verkaufs
der Seligkeit gegen Geld, ausspricht,
bringt Luther in Konflikt
mit der römischen Kirche.
Der Thesenanschlag zu Wittenberg
löst die Reformation aus.

1518: Der Erzbischof von Mainz
und die Dominikaner erheben
gegen Luther Klage in Rom.

12. bis 18. Oktober 1518:
Der päpstliche Gesandte,
Kardinal Thomas Cajetan
(Jacobus de Vio), verhört Luther
nach dem Reichstag in Augsburg.
Luther lehnt einen Widerruf ab.

1519: Bei der so genannten
Leipziger Disputation zwischen
J. Eck und A. Karlstadt lehnt Luther

Kardinal Thomas Cajetan verhört Martin Luther.

die Irrtumlosigkeit der allgemeinen Konzilien ab.

1520: Luther veröffentlicht die ersten wichtigen reformatorischen Schriften: „An den christlichen Adel deutscher Nation und von des christlichen Standes Besserung“ (August), „Die babylonische Gefangenschaft der Kirche“ (Oktober) und „Von der Freiheit eines Christenmenschen“ (November).

15. Juni 1520: Der Papst erlässt die Bulle „Exsurge Domini“, in der Luther als Ketzer verurteilt und mit dem Bann bedroht wird.

10. Dezember 1520: Luther verbrennt feierlich die päpstliche Bulle.

Damit bringt er die Obrigkeit gegen sich und das Volk auf seine Seite.

3. Januar 1521: Papst Leo X. exkommuniziert Luther.

April 1521: Luther lehnt den Widerruf und die stumme Unterwerfung unter ein allgemeines Konzil ab.

Mai 1521: Kaiser Karl V. verhängt auf dem Reichstag zu Worms über Luther die Reichsacht.
Die Lektüre und Verbreitung seiner Schriften ist fortan untersagt.

1521: Kurfürst Friedrich der Weise von Sachsen lässt Luther zum Schein überfallen und versteckt ihn unter dem falschen Namen „Junker Jörg“ auf der Wartburg in Eisenach.

Dort übersetzt Luther
das Neue Testament ins Deutsche.
Während des Aufenthaltes
auf der Wartburg entstehen
vielerorts lutherische Gemeinden

September 1522: Luthers
erste Übersetzung
des Neuen Testaments,
das so genannte Septembertestament,
erscheint in Wittenberg.
Es wird Grundlage für die
neuhoch-deutsche Schriftsprache.

1524/1525: Die im Reich
ausbrechenden Bauernaufstände
berufen sich vielfach auf Luthers
Lehren. Doch die verübten Gräuel
bewegen Luther nach anfänglichem
Verständnis für die Anliegen der
unter Rechtsunsicherheit leidenden

Martin Luther als Junker Jörg

Bauern, die Fürsten „wider die räuberischen und mörderischen Rotten der Bauern“ aufzurufen.

13. Juni 1525: Luther heiratet die geflüchtete ehemalige Zisterziensernonne Katharina von Bora, setzt damit ein Zeichen gegen die Ehelosigkeit der katholischen Priester und begründet im Prinzip den evangelischen Pfarrerhaushalt.

August 1525: Luther reist nach Worms, wo er auf dem Reichstag seine Thesen widerrufen soll, dies aber nicht tut. Er erklärt: „Hier stehe ich, ich kann nicht anders! Gott helfe mir! Amen!“

20. Mai 1526: Geburt des Sohnes Johannes

Martin Luther beim Reichstag in Worms

10. Dezember 1527: Geburt der Tochter Elisabeth

August 1528: Tod der Tochter Elisabeth

1528: Das protestantische Kampflied „Ein' feste Burg ist unser Gott" entsteht und entwickelt sich zum Evangelischen Kirchenlied schlechthin.

4. Mai 1529: Geburt der Tochter Magdalena

1529: Zur Belehrung für das Volk verfasst Luther den „Kleinen Katechismus" und für die Pfarrer den „Großen Katechismus".

9. November 1531: Geburt des Sohnes Martin

Darstellungen der Hochzeit Luthers mit Katharina von Bora

28. Januar 1533: Geburt des Sohnes Paul

1534: Luthers Übersetzung
des Alten Testaments erscheint.

17. Dezember 1534: Geburt der Tochter Margarethe

1542: Tod der Tochter Magdalena

18. Februar 1546: Martin Luther stirbt im Alter von 62 Jahren in Eisleben an Angina pectoris. Auf Befehl des Kurfürsten wird er in der Wittenberger Schlosskirche begraben.

Denkmal zu Ehren
Martin Luthers

Arbeit

Denn Gott will keine faulen Müßiggänger haben, sondern man soll treulich und fleißig arbeiten, ein jeglicher nach seinem Beruf und Amt, so will er den Segen und das Gedeihen dazu geben. Der Mensch ist zur Arbeit geboren wie der Vogel zum Fliegen.

Christen

Ein Christ ist ein solcher Mensch, der gar keinen Hass noch Feindschaft wider jemanden weiß, keinen Zorn noch Rache in seinem Herzen hat, sondern eitel Liebe, Sanftmut und Wohltat.

Deutsche
Wir Deutschen sind ein wildes,
rohes und tobendes Volk,
mit dem nicht leicht
etwas anzufangen ist,
es treibe denn die höchste Not.

Ehe
O, wie wohl stehts, wenn Eheleute
miteinander zu Tisch
und Bett gehen:
Ob sie gleich zuweilen schnurren
und murren, das muss nicht schaden;
es geht in der Ehe
nicht allzeit schnurgleich zu.

Ehre
Die größte Ehre, die das Weib hat,
ist allzumal,
dass die Männer durch sie
geboren werden.

Frauen
Die Welt kann die Frauen nicht entbehren, selbst wenn die Männer allein die Kinder bekämen.

Gott
Was soll Gott mit uns machen?
Gute Tage können wir nicht tragen,
böse können wir nicht leiden.
Gibt er Ehr, Reichtum,
so stolzieren wir,
gibt er Armut,
so verzagen wir.

Herz
Ein menschlich Herz ist
wie ein Schiff
auf einem wilden Meer,
welches die Sturmwinde
an den vier Orten der Welt
treiben.

Kinder

Ein Vater schilt,
straft und stäubt sein Kind
und ist ihm doch nicht feind,
der ist ihm aber feind,
der seiner Bosheit schweigt
und nicht schilt noch straft.

Leichtfertigkeit

... wer mag alle leichtfertigen
und abergläubischen Dinge erzählen,
welche die Weiber treiben ...
es ist ihnen
von der Mutter Eva angeboren,
dass sie sich äffen
und betrügen lassen.

Lüge

Die Lüge ist wie ein Schneeball,
je länger man ihn wälzt,
desto größer wird er.

Musik
Die Musik ist aller Bewegung
des Herzens eine Regiererin.
Nichts auf Erden ist kräftiger,
die Traurigen fröhlich,
die Fröhlichen traurig,
die Verzagten herzhaft zu machen,
denn die Musik.

Neid
Ich weiß drei böse Hunde:
Undankbarkeit, Stolz und Neid.
Wen die drei Hunde beißen,
der ist sehr übel gebissen.

Quecksilber
Des Menschen Herz
ist wie Quecksilber,
jetzt da, bald anderswo,
heute so,
morgen anders gesinnet.

Reichtum
Nichts in der Welt
hindert den Glauben so sehr
wie Reichtum und Mammon.
Wer reich ist und etwas hat,
der schlägt Gottes Wort in den Wind
und läuft mit Füßen darüber.

Tod
Im Leben sollte man sich mit dem
Gedanken an den Tod beschäftigen
und ihn vor sich treten heißen,
solange er noch ferne ist und uns
noch nicht bedrängt.

Zukunft
Es ist besser,
alle Zeit in Gottes Furcht zu leben,
als dass man sich abquält
in Furcht
mit den zukünftigen Dingen.

Lucas Cranach der Ältere malt Martin Luther.

Personenregister

Die Autorin

Maike Vogt-Lüerssen wurde am 24. März 1956 in Wilhelmhaven geboren. Sie studierte Geschichtswissenschaft, Biologie und Pädagogik an der Philipps-Universität in Marburg an der Lahn, ist verheiratet, hat einen Sohn und lebt heute mit ihrer Familie in Australien. Seit 1987 beschäftigt sie sich intensiv mit den historischen Themen „Alltags- und Frauengeschichte.

Titelbild des Buches
„40 Frauenschicksale aus dem
15. und 16. Jahrhundert“

Bücher von Maike Vogt-Lüerssen

40 Frauenschicksale
aus dem 15. und 16. Jahrhundert
Verlag Ernst Probst

Der Alltag im Mittelalter
Verlag Ernst Probst

Neros Mutter
Agrippina die Ältere und ihre Zeit
Verlag Ernst Probst

Frauen der Antike
Verlag Ernst Probst

Katharina von Bora
Martin Luthers Frau
Verlag Ernst Probst

Alle Titel als CD-ROM erhältlich!

40 Frauenschicksale
aus dem 15. und 16. Jahrhundert
Von Maike Vogt-Lüerssen

Das Buch „40 Frauenschicksale aus dem 15. und 16. Jahrhundert“ stellt die Lebensgeschichte von 40 verschiedenen Frauen aus der Renaissance dar, die aus Herrscherhäusern, dem städtischen Patriziat, der Handwerks- und der Bauernschicht entstammten und die als hochbegabte Politikerinnen, verehrte Heilige, tapfere Kriegerinnen, mutige und sprachgewandte Reformatorinnen, hochangesehene Malerinnen, weise Gelehrtinnen, heißbegehrte Kurtisanen, angebliche Hexen oder als die Gattinnen oder Mütter berühmter männlicher Persönlichkeiten zuweilen tiefe, zuweilen auch nur seichte Spuren in der

Geschichte hinterlassen haben. Sie alle zusammen geben jedoch einen guten Überblick über das Leben der Frauen in dieser dem weiblichen Geschlecht gegenüber relativ wohlgesinnten Zeitepoche.
Das Werk „40 Frauenschicksale aus dem 15. und 16. Jahrhundert" enthält folgende Biographien:

Christine de Pizan (1364–1430):
Die erste Frauenrechtlerin
Isabeau von Bayern (1370–1435):
Die vielen Hochs und Tiefs
einer französischen Königin
Jehanne d'Arc (1412–1431):
Die erste französische Nationalheldin
Agnes Bernauer († 1435):
Die unerwünschte Schwiegertochter
Barbara Holper (1452–1514):
Und jedes Jahr ein weiteres Kind

Caterina Sforza (1463–1509):
Die schöne und gefürchtete Amazone Italiens
Bianca Maria Sforza (1472–1510):
Politischer Spielball
zwischen Onkel und Ehemann
Isabella d'Este (1474–1539):
Die erste Dame Italiens
Johanna die Wahnsinnige
(1479–1555):
Ohne ihn kann ich nicht leben!
Margarete von Österreich
(1480–1530):
Politikerin aus Leidenschaft
Lucrezia Borgia (1480–1519):
Die schöne Papsttochter
Anna Laminit (um 1480–1518):
Eine falsche Heilige
Katharina von Aragón (1485–1536):
Mein Wille
ist nicht zu brechen!

Marguerite d'Angolême
(1492–1549):
Des Königs weise Schwester
Argula von Stauff (1492–1568):
Die kämpferische Reformatorin
Elsbeth Binsenstock
(1493/94–1549):
Entfremdung als Preis für Erfolg
Maria Tudor (1496–1533):
Versprochen ist versprochen!
Eleonore, Königin von Frankreich
und Portugal (1498–1558):
Verzicht auf privates Glück zum
Nutzen der Habsburger-Dynastie
Katharina von Bora (1499–1552):
Die andere Hälfte von Martin Luther
Anne Boleyn (1501–1536):
Auch die große Liebe
kann vergehen!
Wibrandis Rosenblatt (1504–1564):
Die bewährte Pfarrersfrau

Maria von Ungarn (1505–1558):
Die „Mannweib-Prinzessin“
des Hauses Habsburg
Roxelane (um 1507–1558):
Der Aufstieg einer Sklavin
zur Sultanin
Catherine Parr (1514–1548):
Die Liebe kann warten
Anna von Kleve (1515–1557):
Das Beste
aus jeder Situation machen
Maria Tudor (1516–1558):
Die ewige Suche nach Liebe
Sidonie von Braunschweig-
Kalenberg (1518–1575):
Ich bin keine Mörderin!
Katharina de Medici (1519–1589):
Die unermüdliche Friedensmaklerin
Christina von Dänemark
(1521–1590):
Die gehorsame Prinzessin

Olympia Fulvia Morata
(1526–1559):
Die geistige Zierde
des 16. Jahrhunderts
Philippine Welser (1527–1580):
Der erfolgreiche Aufstieg
einer Bürgerlichen
Sofonisba Anguisciola (1532–1630):
Malen aus Leidenschaft
Elisabeth I. von England
(1533–1603):
Die größte Politikerin
des 16. Jahrhunderts
Maria Stuart (1542–1587):
Dem eigenen Glück
ständig selbst
im Wege stehend
Anna von Sachsen (1544–1577):
Wer wird mir
endlich Gerechtigkeit
widerfahren lassen?

Veronica Franco (1546–1591):
Die Kurtisane
der oberen Zehntausend
Anna Jacobäa Fugger (1547–1587):
Kein Leben
hinter Mauern gewünscht
Bianca Capello (1548–1587):
Aufstieg einer Mätresse
zur rechtmäßigen Gattin
Marguerite von Valois (1553–1615):
„Das schönste Geschöpf
auf der Welt"
(laut Guillaume de Salluste Du Bartas)
Isabel Clara Eugenia (1566–1633):
Für ihren Vater Philipp II.
von Spanien „der Trost seines Alters
und das Licht seiner Augen"

Bücher von Doris Probst

Weisheiten und Torheiten
über das Alter
Weisheiten und Torheiten
über die Arbeit
Weisheiten und Torheiten
über die Ehe
Weisheiten und Torheiten
über Frauen
Weisheiten und Torheiten
über Kinder
Weisheiten und Torheiten
über die Liebe
Weisheiten und Torheiten
über Mütter
Worte sind wie Waffen.
Weisheiten und Torheiten
über die Medien

Bücher von Ernst Probst

Superfrauen 1 – Geschichte
Superfrauen 2 – Religion
Superfrauen 3 – Politik
Superfrauen 4 – Wirtschaft und Verkehr
Superfrauen 5 – Wissenschaft
Superfrauen 6 – Medizin
Superfrauen 7 – Film und Theater
Superfrauen 8 – Literatur
Superfrauen 9 – Malerei und Fotografie
Superfrauen 10 – Musik und Tanz
Superfrauen 11 – Feminismus und Familie
Superfrauen 12 – Sport
Superfrauen 13 – Mode und Kosmetik
Superfrauen 14 – Medien und Astrologie